心星点灯 Heart Star Lighting

心星点灯·心理疗愈文库

小学生烦恼救星

65个典型案例 195条根治妙招

从“玻璃心”变“勇敢星”

心光亲子研究院 编著

三环出版社
SANHUAN PUBLISHING HOUSE

图书在版编目（CIP）数据
小学生烦恼救星 / 心光亲子研究院编著 . -- 海口：三环出版社（海南）有限公司，2025. 5. -- ISBN 978-7-80773-651-6
Ⅰ . B848.4-49
中国国家版本馆 CIP 数据核字第 2025LP2506 号

小学生烦恼救星

XIAOXUESHENG FANNAO JIUXING

编　　著　心光亲子研究院
责任编辑　吴　馨
责任校对　付晓聪
美术编辑　孙文渊
封面绘制　狐说新语
统筹策划　李　轩
文字编辑　聂　月　涂娟娟　邹雅梅　龙包男
插画绘制　衷紫微　秦乐玫　魏梓健　陈启文　刘　晨　余明涛
出版发行　三环出版社（海口市金盘开发区建设三横路 2 号）
　　　　　邮　编　570216　邮　箱　sanhuanbook@163.com
出 版 人　张秋林
印刷装订　湖北嘉仑文化发展有限公司
开　　本　710 mm × 1000 mm　1/16
印　　张　9
字　　数　150 千字
版　　次　2025 年 5 月第 1 版
印　　次　2025 年 5 月第 1 次印刷
书　　号　ISBN 978-7-80773-651-6
定　　价　59.80 元

联系电话：0898-68602853 0791-86237063

目录

我的小情绪

人际关系

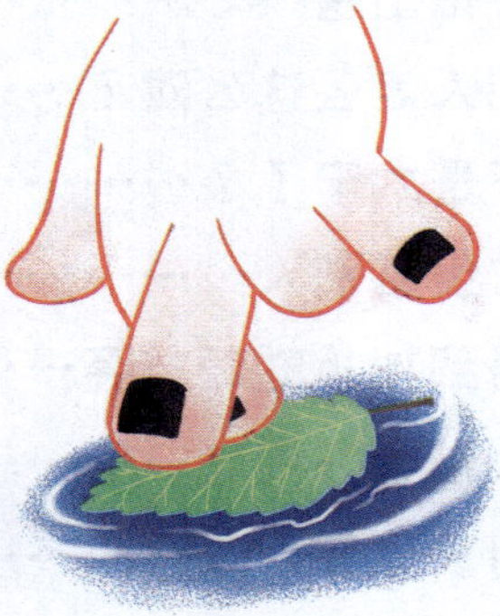

学习生活

家庭生活

心星点灯
Heart Star Lighting

心理学专家说

7—12 岁的小学生正处于情绪认知发展的关键阶段，每天可能经历数十种情绪波动，包括兴奋、紧张、沮丧、孤独、愤怒等。这些情绪本身都没有对错之分，它们如同身体感知冷热的神经信号，是大脑保护你的特殊方式。

当你在考试前心跳加速、被误解时感到委屈或和朋友争执后难以平静，这些都是大脑在通过情绪传递重要信号——提醒你“需要关注自己的感受”“应当设立边界”或“该寻求支持了”。

我的小情绪

我很容易哭鼻子

试试这样做吧！

1. 试试深呼吸

人感到伤心的时候就会流眼泪，这是很正常的啦！如果实在不想让别人发现自己的小情绪，那就试着在快要哭的时候，闭上嘴巴，用鼻子慢慢吸气，让肚子鼓起来，然后再用嘴巴慢慢把气呼出去。多做几次，心情就会慢慢平静下来，眼泪也不那么容易掉出来了。

2. 做自己的小英雄

你肯定希望自己像动画片的小英雄一样勇敢，遇到任何事都不掉眼泪。那就在遇到困难时，把自己想象成小英雄，把困难想象成一座小山吧！想想看，你喜欢的英雄会如何跨过这座山呢？把注意力放在解决问题上，自然就没时间掉眼泪啦！

3. 给自己打气

每天早上起床对着镜子给自己一个微笑，并说“我是最棒的，今天我要勇敢一点”，让自己充满信心。当遇到让自己想哭的事情时，就在心里默念“我可以的，我不哭”，慢慢地你就会变得更坚强，不那么容易掉眼泪啦！

被指出缺点时我很难过

可以把你的玩具给我看看吗？
指
不行，你每次都只顾着自己玩，从不分享！
切
你太小气了，我们不想和你玩！
大家都不喜欢我，我是不是太糟糕了……

试试这样做吧！

① 先想想对不对

当别人指出你的缺点时，感到难过是非常正常的。可是不要一味地难过，冷静下来后，要仔细想想别人说的缺点是不是真的存在。如果是，那就告诉自己这是一个变好的机会，虚心接受；如果不是，就不用理睬。

② 把缺点变优点

如果别人说的缺点真的存在，那就努力去改正它，让自己变得更好！比如，朋友说你不乐于分享，那你之后就尝试着主动分享，把你爱吃的零食、喜欢的玩具，主动地分享给朋友，让大家看到你的改变。

③ 告诉自己没关系

人无完人，每个人都有缺点，被别人指出缺点并不代表你很差。就像爸爸妈妈和好朋友，你看到了他们的缺点会觉得他们很差劲吗？只要你努力改正缺点，自己就会变得更好。就像小树苗会长大一样，你也会在不断改正缺点中慢慢成长。

太在意别人的看法

我要穿新裙子去上学！
他们是在说我的裙子吗？
哇，这是你的新裙子吗？好好看呀！
是吗？我怎么感觉一般。
明明很好看！
可是我就是觉得一般呀。
他说一般，我以后还是不要穿这条裙子了……

试试这样做吧！

1. 没有人能让每个人都喜欢

你知道吗？一个人不论多受欢迎，都不可能让世界上所有人都喜欢。就像榴莲这个水果，有人喜欢它美味，有人讨厌它味道奇怪。可榴莲始终都是榴莲，只是每个人的评价标准不同。人也一样，有人喜欢你，就一定有人不喜欢你。

2. 最重要的是自己

别人怎么想是他的看法，我们无法决定。你能决定的只有自己，所以别人怎么看你不重要，重要的是你自己觉得好不好。就像你喜欢一件衣服，别人可能觉得不好看，但只要你自己喜欢就好。

3. 慢慢改变

要突然不在意别人的看法是很困难的，所以你可以学着慢慢改变自己。比如每次听到别人对你的评价，你先停下来想一想。如果他说得对，就努力去改正；如果他说得不对，就告诉自己不用在意。慢慢地，你就会变得没那么在意别人的看法了。

总是在意讨厌的人

同学们，下课了！
丁零零
课间应该可以看完这篇故事。
我跟你说个秘密！
←讨厌的人
他来干什么？
他们聊什么这么开心？不会在说我的坏话吧？
哈哈哈
丁零零
糟糕，这个故事又没看完……
上课！起立！
为什么我明明很讨厌他，却又总关注他呢？

试试这样做吧！

1. 专注自己的事

一个人的精力有限，怎么能把时间浪费在自己不喜欢的人身上呢？当你想起那个讨厌的人时，试着马上去想一些自己特别感兴趣的事情。比如想想自己最爱看的动画片里的角色，他们正在经历一场精彩的冒险，你跟着他们一起在脑海里“冒险”，就能把注意力转移开了。

2. 跳出情绪的怪圈

当你因为讨厌的人而感到生气、难过或者烦躁的时候，试着做几次深呼吸，把肚子里的空气想象成坏情绪，将它们统统呼出去，情绪就会慢慢平静下来。你还可以给自己打气，比如对自己说：“他没那么重要，我不需要因为他影响自己的好心情。”

3. 把对方当作一面镜子

你讨厌一个人，一定有你的原因，不妨想想自己究竟不喜欢对方的哪个点。然后把对方当成镜子，检查一下自己身上是否也有同样的缺点。这样你不仅能提升自己，还可以分散注意力，缓解不好的情绪。

我对外貌不自信

我要和朋友出去玩，穿什么好呢？
烦 恼
先自己选了一套衣服。
不行，这样太像假小子了！
扎个丸子头试试。
……
不行，脸太大了。
换成裙子会不会好点？
不行，这样腿太粗了。
要是我再漂亮一点就好了……

试试这样做吧！

1. 找到自己的独一无二

世界上每个人都是独一无二的。要明白每个人都有自己独特的外貌特点，没有绝对的“完美”。试着对着镜子仔细观察自己，找出自己五官中比较让人满意的地方，比如明亮的眼睛、挺翘的鼻子等，学会欣赏自己的独特之处，告诉自己“这就是独一无二的我”。

2. 多夸夸自己

找到自己独一无二的地方后，你可以每天在心里对自己说一些积极的话，比如“我很可爱”“我有自己的优点”“我喜欢自己现在的样子”等。通过不断地肯定自己，逐渐改变对自己的负面看法。

3. 尽己所能做到得体

除了给自己找到自信，我们还可以在自己的能力范围内，提升自己的形象。比如经常锻炼身体，让自己的体态更好；勤换衣服，把自己收拾得干净清爽。但要注意：不要过于追求外表的华丽，保持自然、大方就好。

我很容易生气

我最喜欢的美术课。
今天我们学习怎么画更复杂的人物。
我一定要画好！
努力
画得很好！
谢谢老师。
我怎么这么笨，总是学不会？
啊！
太生气了，我不学了！

心理学专家说

情绪外露的孩子内心比较通透，也比较可爱；只是要注意场合和方式——在合适的场所（不影响他人）以健康的方式（不伤害自己和他人，不损坏物品）释放情绪，心理会更健康。情绪平衡原则：不压抑，不放纵。

❶ 学会观察情绪

当你感觉自己要生气的时候，先停下来，在心里告诉自己“我现在有点生气了”。就像看到红灯就停车一样，给自己一个信号。然后找个借口离开现场，比如去上个厕所。这样能让你有机会去控制情绪，而不是被情绪控制。

❷ 思考生气的目的

当你因为一件事生气时，难道是为了向对方表达自己不开心的情绪吗？那不如换一种方式吧！试着心平气和地告诉对方你的想法，这样不仅能释放情绪，还可以快速解决让你生气的问题哟！

❸ 运动释放

运动是一种很好的释放坏情绪的方式。试着在生气的时候去运动一下，比如跳绳、跑步或者打篮球。把你心中的愤怒，用运动发泄出来吧！这可以让你的身体放松，也能转移你的注意力，让你不再只关注情绪。相信我，运动后你的心情一定会变好的！

我总是渴望被关注

试试这样做吧！

1. 提升自己的能力

在课堂上认真听讲，积极回答问题，课后按时完成作业，并且主动学习一些课外知识。当你在学习上取得好成绩，比如考试得了高分、在课堂上能分享一些有趣的课外知识时，老师和同学自然会注意到你，对你刮目相看。

2. 主动与人交流

课间休息时，主动和同学聊天、玩耍，分享自己的喜怒哀乐。比如和同学聊聊最近看的动画片、读的书籍，或者一起玩一些有趣的游戏。多与同学交流互动，增进彼此之间的感情，彼此熟悉了，大家自然会愿意关注你。

3. 不过分在意关注

虽然渴望被关注是正常的，但也不能过分在意。很多时候，当你把注意力放在自己身上，努力提升自己时，别人自然会关注你啦。就像一颗钻石，当它的光芒足够耀眼时，你想不关注都难！所以，不要总是想着如何去获得关注，而是要专注于自己的成长和发展。

我害怕死亡

这个人死了，他还会再回来吗？
不会回来了，他永远地离开了这个世界。
是的，我们每个人都会有这样一天的！
那你们也会离开吗？
爸爸妈妈也会有这一天的！
我害怕死，我不想要你们离开！

试试这样做吧！

1. 理解死亡

要知道，死亡是自然界中所有生物都会经历的过程，就像花开花落一样正常。动物有自己的生命周期，从出生到长大，再到衰老和死亡。人类也是一样，我们的身体会随着时间慢慢变老，最终走向死亡，这是无法改变的自然规律。

2. 珍惜当下

既然死亡是不可避免的，那么我们更要珍惜现在拥有的生命和时光。和家人、朋友好好相处，做自己喜欢的事情，努力学习新知识，让自己的生活充实而有意义。当你把注意力放在当下的美好事物上时，对死亡的恐惧就会慢慢减轻。

3. 缓解恐惧

如果还是没有办法缓解对死亡的恐惧，不妨找家人或朋友聊一聊吧，把你对死亡的感受告诉他们。他们或许会给你一些建议，分享他们对生命和死亡的看法。有了他们的陪伴和鼓励，你一定可以感到安心，恐惧感自然就减轻啦！

我好害怕出错

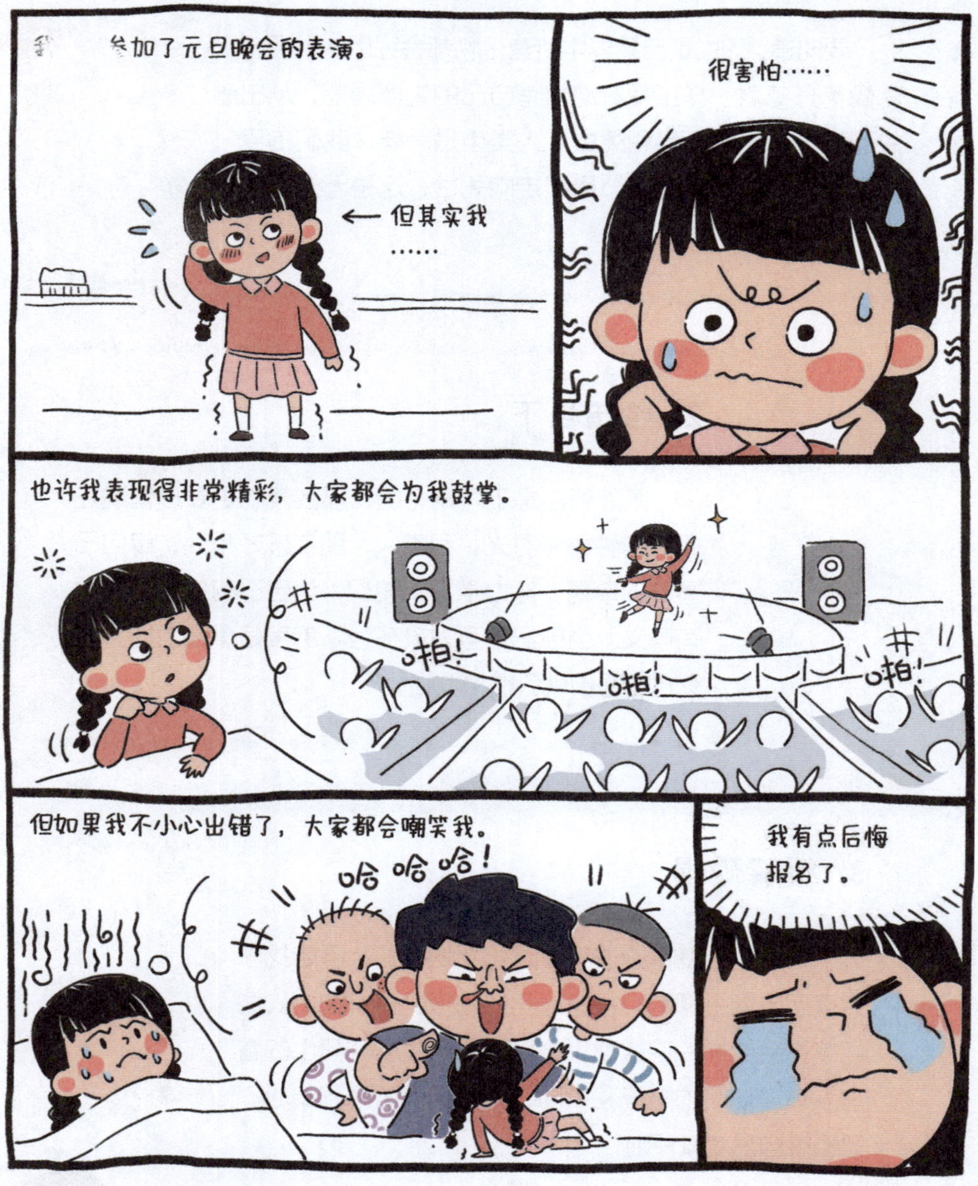
参加了元旦晚会的表演。
但其实我
……
很害怕……
也许我表现得非常精彩，大家都会为我鼓掌。
啪！
啪！
啪！
但如果我不小心出错了，大家都会嘲笑我。
哈哈哈！
我有点后悔
报名了。

试试这样做吧！

1. 正确看待失败

要明白失败是成功之母，每个人都会经历失败。就像学走路的时候，我们会摔倒很多次，但每一次摔倒后站起来，就离学会走路更近一步。失败并不可怕，它只是在告诉我们，这次的方法可能不对。只要我们调整一下，下次就能做得更好啦！

2. 回忆过去的成功

相信你曾经一定有做成功的事情，比如学会了骑自行车、解出了一道难题。不管这份成功有多小，它都是你努力的结果。所以，害怕失败时，想想这些成功的经历吧，它们会告诉你，你是有能力的，只要努力尝试，就有可能获得成功。

3. 从小事开始尝试

如果害怕失败，我们可以从一些比较简单的事情开始尝试。比如尝试画一幅简单的画、写一篇简短的作文或者学习一个新的小技能。当你成功完成这些事情后，就会逐渐克服害怕失败的心理。尝试的过程中，也不要害怕犯错。犯错是学习的一部分，每一次犯错都是一次学习的机会哟！

原谅别人怎么这么难？

对不起，我把你的书弄坏了……
这是我最喜欢的书，我告诉过你要小心的！
我不是故意的，可以原谅我吗？
我再也不要理你了！
冷战几天后。
她会第一时间保护我。
难过的时候，她会安慰我。
在她眼里我是最棒的。
回忆中
我到底要不要原谅她呢？

试试这样做吧！

1 说出自己的感受

当你觉得原谅一个人很难时，一定是他做了让你感到非常难过的事。把这种难过憋在心里，你一定会更难受，更无法原谅对方。不妨试着和那个人谈谈你的感受，用“我觉得”开头，比如“我觉得你这样做让我很伤心”。这样对方更容易理解你的感受，你心里也会更好受一些。

2 每个人都会犯错

世界上没有完美的人，大家都会犯错。想一想，爸爸妈妈、老师、你自己是不是都有犯过错呢？当对方犯了错时，试着想一想他为什么这么做，他是故意的还是不小心，或者你是不是也犯过类似的错误。理解了对方犯错的原因，你就能够更好地决定要不要原谅对方。

3 给自己一点时间

原谅别人是需要时间的，如果不能马上原谅对方，也不用勉强，给自己一些时间，慢慢调整自己的情绪。你可以先冷静下来，想一想这件事对你有多大的影响，然后再决定要不要原谅。

我是不是太笨了？

小轩，你去帮妈妈买一瓶这样的酱油吧！
空的
好的！
超市里。
找到啦！
12.9元
赶紧回家，妈妈要等着急了。
啊!!!
我的酱油，呜呜呜呜……
妈妈，你的酱油。
你先吃饭吧，吃完饭记得把自己的碗洗了，这个先给妈妈。
洗碗中。
啪
我怎么这么笨，什么事情都做不好……

试试这样做吧！

1. 发现自己的优点

每个人都有自己的长处和短处。你可以试着列出自己擅长的事，比如画画、跳舞、演讲、跑步、乐于助人等。你的这些优点都能证明你是一个非常棒的小朋友哟！当然，你也要知道每个人都有自己的不足之处，做不好一些事情并不代表你笨，只是提醒你需要在这方面花更多的时间练习。

2. 不要着急，成长需要时间

学习和成长都需要时间，不要因为一时做不好就怀疑自己。多给自己一些时间，慢慢来，你会发现自己在不断进步。可以从给自己设定小目标开始，比如每天练习写好一个字、背诵一首诗等等。完成这些小目标会让你更有成就感，也会让你更有信心。

3. 失败是成功之母

每个人都经历过失败，就连爱迪生在发明电灯之前都失败了很多次呢，但他始终没有放弃呀。所以不要因为没有做好一些事情就泄气、怀疑自己，要相信，只要你坚持下去，就一定会做好的！

我经常羡慕别人

马上要举行元旦晚会，谁要报名表演才艺？
我会跳舞，我来表演舞蹈！
我会唱歌，我来表演唱歌！
我会诗歌朗诵……
好羡慕他们啊，要是我也有才艺就好了……

试试这样做吧！

1. 不盲目比较

羡慕别人是很正常的，每个小朋友都会有这样的感受。不过如果总是羡慕别人，可能会让自己不开心。每个人都有自己的长处和闪光点，你可以试着找到“别人没有，而我有”的东西，然后在这方面努力。不要总是和别人比较，而是要专注于自己的进步！

2. 借机会提升自己

你会羡慕别人，一定是因为你发现了别人身上的闪光点，而且你恰好在这方面有所欠缺。那为什么不把这个闪光点当作你学习的目标呢？比如你羡慕朋友作文写得很好，那你可以向他询问写作的方法，这样就把“羡慕”变成学习的动力啦！

3. 学会珍惜

有时候，我们会因为羡慕别人而忽略自己已经拥有的东西。试着去发现和珍惜自己拥有的美好事物，比如家人的爱、朋友的陪伴、健康的身体等等。每天记录生活中一些让自己感到开心的小事情，会让你感到更幸福哟！

我一遇到挫折就想放弃

今天开始，我要好好练弹钢琴！
这首曲子好难，我还是换一首吧！
这首也好难！
这个更难！
钢琴怎么这么难学呀，我还是放弃算了……

试试这样做吧！

1. 从放弃中找原因

遇到挫折就想放弃，一定是有原因的。比如把挫折想象成一座山，想想你为什么会放弃攀登它呢？是它太高你不敢，还是你的体力不够害怕失败？找到挫折背后的难点，并且解决它们，你就会变得越来越厉害，以后再遇到类似的挫折，就知道怎么应对，不会轻易放弃啦！

2. 把目标拆开来

如果你要爬一座超级高的山，是不是光想想就觉得累，想直接放弃？但要是把这座山分成好多好多小台阶，每次只专心迈一个小台阶，是不是容易多啦？所以你可以试着把一件事拆成一个又一个小目标，等你完成每个小目标，就会发现大目标在不知不觉中已经完成啦！

3. 给自己加油打气

面对挫折，我们首先想的不能是“放弃”，而应该是给自己打气，增强自信心。就像电影里的超级英雄，他们每次遇到坏蛋，都相信自己能赢呢！咱们也要像超级英雄一样，相信自己！遇到挫折的时候，心里默默喊：“我可以！”

一个人在家好孤独

妈妈去上班了，你在家乖乖的！
好的。
爸妈不在，动画片也没有意思……
搭好的积木没人欣赏，没意思。
抬头
羡慕
好想下去和他们玩呀！
回头
安静
……
爸妈什么时候回来啊，一个人在家好孤独！

试试这样做吧！

❶ 做一些有趣的事

一个人在家的时候感到无聊、孤独，是正常的事。我们可以找一点事情做，让自己忙起来，就没有时间胡思乱想啦！比如，拿出你的画笔和画纸，画一些你喜欢的东西，或者找一本你喜欢的书，让书中的故事带你进入一个全新的世界，这样你就会忘记孤独啦。

❷ 保持积极的心态

虽然你一个人在家，但是你并不是孤独的。爸爸妈妈只是暂时不在你身边，但他们是永远爱你、关心你的。当你感到孤独时，可以告诉自己："有很多人爱我，我只是暂时一个人在家。"也可以多多鼓励自己："我可以照顾好自己，我很棒！"

❸ 注意安全

一个人在家，最重要的是要注意安全。不要随便给陌生人开门，不要玩火或者胡乱使用电器，不要爬高或者做危险的事情。记住！遇到任何问题，都可以给爸爸妈妈或者邻居打电话求助。

和好朋友分开好难过

心理学专家说 关系的分离总会发生，允许自己难舍和难过，把和对方相处的美好点滴装进记忆，会永远温暖自己的心灵。

1. 珍惜在一起的时间

和好朋友分别，你会感觉很难过，说明你和他在一起感到非常轻松愉快。但是在学校的时间是有限的，放学后你们总是要分别。不如好好利用在一起的时间，和好朋友做一些有趣的事情，比如参加兴趣小组、一起跑步等。多制造一些美好的回忆，让在一起的时间变得更有意义！

2. 交换小物件

和好朋友分别时，可以互相交换小物件，比如你送他一支自己喜欢的铅笔，他送你一块可爱的橡皮。把这个小物件放在书包里，每当看到它，就好像好朋友在身边一样。这小小的物件，就像是你们友谊的纽带。即使暂时分开，也能感受到对方的陪伴。

3. 发展共同的爱好

寻找和好朋友共同的爱好，放学后各自在家里时，能一起沉浸到共同爱好中。这样不仅能分散注意力，还能在这些爱好中发现新的乐趣。等第二天见到好朋友，你们就有新的话题可以分享啦！

我嫉妒我的好朋友

试试这样做吧！

1. 接受自己的小嫉妒

首先，你要知道嫉妒别人是一件非常正常的事，每个人都会有。当你看到好朋友有一些你没有的东西，或者在某方面做得比你更好时，感到嫉妒是很自然的反应。千万不要因为自己有这种情绪就自责，这并不代表你就是一个坏孩子哟！

2. 和朋友坦诚交流

找个合适的时间，和好朋友说说你心里的小嫉妒。你可以真诚地告诉他：“我有时候会嫉妒你做得那么好，我知道这样不对，可就是忍不住。”好朋友可能会很惊讶，但他也会感受到你的真诚。说不定他还会告诉你，你其实也有令他羡慕的地方呢！

3. 把嫉妒化为动力

看到好朋友某方面做得好，不要只是嫉妒，还可以把这当成让自己进步的机会。比如好朋友的字写得很好看，你可以向他请教如何把字写得整洁、漂亮，然后自己也多练习。这样，嫉妒就变成了你前进的动力，让你和好朋友一起变得更优秀。

扫码获免费心理咨询

心理学专家说

儿童发展心理学家提出孩子的童年时代是“两个世界”。一个是父母和孩子之间相互作用的世界，另一个是孩子与同伴交往的世界。对孩子多方面的发展来说，与同伴的交往和与父母相处同等重要。

而人际关系的暂时性波动，恰似候鸟迁徙必经的气流颠簸。心理学纵向追踪数据证实，那些在成长期认真对待过人际困惑的孩子，成年后往往发展出更稳定的亲密关系，展现出更高水平的情商。你此刻体验的每一分失落，都在为未来储存理解人性的珍贵样本。

人际关系

我不敢直视对方

同学们正在分组讨论。
你有什么想法吗？
我……我觉得我们可以这样……
哇，这个方法不错！
真……真的吗？
就是你好像很紧张，跟我说话都不看我。
我……我不敢。
啊？

试试这样做吧！

❶ 与自己对视

先从简单的任务开始。比如站在镜子前，勇敢地看着自己，大声地和镜子里的自己聊聊天，说说你今天学到了什么新知识。等这个任务对你来说轻松自如了，我们再逐渐增加难度，一步步挑战和爸妈、朋友面对面聊天。

❷ 用“小目标”鼓励自己

每次和别人说话前，先给自己定一个小小的挑战！比如说“我要勇敢地看着对方的眼睛，清清楚楚地说出一句话来”。等你真的做到了，就给自己一个奖励，可以是一颗糖果，或者是一张贴纸。

❸ 练习“三秒钟原则”

我们可以把与人对视当作是一个“眼神游戏”。先勇敢地注视对方的眼睛三秒，心里默默数到三后，如果还是觉得有点紧张，就把视线转移到对方的鼻子或者嘴巴上，像在玩一个轻松的小游戏那样，这样就会感觉没那么紧张了。

为什么我不能打人？

试试这样做吧！

1. 会对他人造成伤害

打人会让别人的身体感到疼痛，甚至可能造成严重的身体伤害，如骨折、脑震荡等。这样的伤害不只是让身体上疼，还会让别人的心里也很难受，对方可能会害怕、生气或者伤心很久很久。所以，我们不能打人。

2. 影响自己形象

打人会让别人觉得你是个不友好的人，会影响你在大家心目中的形象。比如，你打了同学，其他小朋友就会觉得你很凶，以后就不愿意和你一起玩了。老师也会觉得你没有做到一个好孩子该做的事情。好孩子要学会用善良和礼貌的方式对待别人。

3. 不能解决问题

打人并不能真正解决问题，反而会让事情变得更糟糕。比如，你和朋友抢玩具，生气了就打人，这样不仅没有解决玩具的问题，还会让朋友生气。但如果你们坐下来，互相说说自己的想法，就能找到更好的解决办法。

我被恶作剧捉弄了

心星点灯 Heart Star Lighting

心理学专家说 遇到被捉弄的事，是别人在犯错。保护好自己，表达不愉快的感受，严肃地表明自己的态度——我不喜欢！

1. 心中默念“我不生气”

面对他人的恶作剧，如果你生气了，那些捉弄你的人可能会觉得很好玩，往后还会继续捉弄你。所以呀，你要尽量让自己冷静下来，不要让他们看到你生气的样子。

2. 告诉对方你的感受

勇敢地走到他们面前，用平静但坚定的声音直接告诉他们：“你这样做，让我感觉很不舒服，我不喜欢这样，希望你不要再做了。”通过这样直接而明确的表达，让他们意识到自己做错了事情，伤害到了你的感受，从而有机会改正他们的行为。

3. 大度地原谅他们

我们不应该因为别人对我们不好，就也用同样的方式去对待他们，这样只会让事情变得更糟糕。当他们能认识到自己的错误，并保证不再捉弄别人时，我们就可以原谅他们。这样不仅能展示出我们的善良大度，还能让大家的关系变得更好。

我害怕被朋友拒绝

紧张
亲手制作的卡片
邀请卡
她好像在和别人聊天。
我可以的。
我……我想邀请你周末去我家玩。
我得看看周末有没有时间。
我就知道……她肯定不想来。

试试这样做吧！

1. 认识到拒绝是正常的

在我们的生活中，拒绝是很常见的事情哟。每个人都有自己的想法和要做的事情，有时候你的朋友可能正在忙别的事，或者心情不太好，所以他们没有接受你的邀请。但这可不是因为他们不喜欢你哟！

2. 不过分解读

面对朋友的拒绝，我们不必过于纠结，更不要想得太多。他们的拒绝并不表示他们认为你不好，或者不愿意和你玩耍。我们要学会理解并尊重朋友的选择，同时相信自己是很优秀的，值得被爱和尊重。

3. 转移注意力

不要因为朋友没答应你而一直难过啦，你可以去做些喜欢的事情！比如画画、看故事书、玩玩具，或者和爸爸妈妈一起动手做些小手工，这些事情都会让你变得开心起来，还能让你觉得自己真的很棒！

我喜欢独处
但怕被孤立

哈哈哈哈！
13,14,15……
她们玩得好开心啊……
我是不是太不合群了？
靠近
换我来跳了！
要不我去找她们……
停住
我真的要放弃独处，加入她们吗？
算了，我还是喜欢一个人待着。

心理学专家说

独处是一种很重要的能力，让人更专注和有创造力。在独处中专注于自己的事情，也很快乐。

1 喜欢独处并不奇怪

告诉自己，喜欢独处并不是一件奇怪的事情。每个人都有自己的性格，有些人喜欢热闹，有些人喜欢安静，这都是正常的。独处可以帮助我们静下心来思考问题，也能让我们放松身心，享受一个人的宁静时光。

2 平衡独处和社交

在享受独处的同时，也要尝试参与一些集体活动。可以每周抽出一天时间和朋友一起玩，其他时间继续做自己喜欢的事情。这样既不会觉得无聊，也不会被大家忘记。比如，偶尔和朋友一起玩游戏、参加兴趣小组，或者和家人一起外出。

3 说出自己的心声

找一些你信任和喜欢的朋友或者家人，跟他们说说自己心里的想法。告诉他们，虽然你喜欢一个人待着，但这并不代表你不想和他们做朋友，或者不喜欢和他们在一起。让他们知道你只是享受一个人独处的时光，并不影响你对他们的感情。

和朋友吵架了

试试这样做吧！

1. 让自己先冷静下来

不要在很生气的时候就急着去解决问题，因为那样可能会说出一些更伤人的话，或者做出一些让事情变得更糟的举动。我们可以找一个安静的地方坐下来，好好想一想和朋友是怎么吵起来的，找找问题到底出在哪里。

2. 主动找朋友聊聊

不要等朋友先开口，而是自己主动迈出第一步。如果发现是自己做错了，要勇敢地道歉。比如可以说：“对不起，刚才是我错了，下次我一定不会这样了。”如果觉得自己没错，也可以说：“我不太明白你为什么生气，你可以和我说一说吗？”

3. 做一些小小的举动

就像你生气的时候，抱抱会让你开心一样。你也可以去抱抱朋友，或者送他一颗糖，让他知道你还是喜欢他的。吵架不是大事，只要我们愿意和好，愿意说“对不起”，朋友关系就会变得更好，更牢！

没有手表我交不到朋友

试试这样做吧！

1. 不给自己设限

手表只是一个物品，它并不能决定你是否值得交朋友。真正的朋友会欣赏你的内在品质，而不是看你是不是拥有某样东西。所以，不要因为没有手表或其他物品而感到沮丧或失落。

2. 寻找共同话题

观察对方的穿着、饰品或者言行，找到可能的共同点，如果对方的书包上有卡通图案，可以试试说："你也喜欢这个卡通人物吗？"同时，不要害怕展示自己的爱好，比如喜欢画画、音乐或者运动。分享自己的兴趣，也能吸引志同道合的人。

3. 尝试小互动，拉近距离

如果对方有你感兴趣的东西，比如一本书或者一个文具，可以礼貌地问："我可以看看这个吗？""我可以借这个用一下吗？"也可以主动帮忙，比如帮同学搬东西、解答问题等。通过这些小互动，你们的距离会变得更近。

我不懂怎么拒绝

试试这样做吧！

1. 勇敢说“不”

如果不想做某件事情或者不想接受某个东西，可以直接说“不，谢谢”或者“我不想”。这样很简单，也很直接，别人一听就明白了。拒绝并不是不友好，每个人都有自己喜欢和不喜欢的事，要勇敢地把自己的真实想法说出来。

2. 提供替代方案

如果不想拒绝得太直接，我们可以想想别的办法。比如说，朋友邀请你今天一起去玩，但你有其他的安排，就可以说：“我今天不能和你一起去，但我明天可以哟！”这样既表达了拒绝，又不会让朋友伤心。

3. 互相尊重

真正的朋友是不会因为被拒绝而生气的。就像有时候你想玩荡秋千，而朋友想玩滑梯。这时候，只要你们都能尊重对方的选择，试着找到一种两个人都能喜欢的活动，或者轮流玩各自喜欢的，那么你们的友谊就会像营养充沛的小树苗一样，茁壮地成长。

我不善于表达

我最近看完了《西游记》，非常好看！
西游记
哇！书里讲了些什么啊？
这个……
期待
讲的是孙悟空打妖怪？
又好像是唐僧取经……
……
我说不上来，反正你看就是了！
好吧。
好崩溃，明明我都知道，为什么讲不出来？

试试这样做吧！

1. 和家人一起聊天

在家里多和爸爸妈妈、爷爷奶奶聊聊天。比如吃完饭后，你可以跟他们讲讲今天在学校发生的有趣的事情，或者好奇地问问他们小时候在学校是什么样的。这样不仅能让你变得更善于表达，还能让家人更加了解你。

2. 不要害怕，勤加练习

表达能力就像我们的肌肉一样，只要我们多练习，它就会变得越来越强壮。不要害怕说错话，因为每个人都会有说错的时候，最重要的是我们要勇敢地去说。这样，我们的表达能力才会越来越好！

3. 观察别人是怎么说的

我们可以多观察别人是怎么表达的，比如认真听老师讲课、注意同学们之间的交流，或者看电视时仔细观察角色的对话。试着去学习他们说话的方式和技巧，然后慢慢地把这些方法用到自己身上。

我不知道怎么交朋友

试试这样做吧！

1. 微笑和打招呼

从最简单的事情做起，就像是对着其他人露出一个微笑，或者主动地说一声“嗨”或者“你好”。这样可以慢慢地拉近你和其他小朋友之间的距离。当你微笑着跟他们说话时，他们也会觉得开心，然后大家就能成为朋友啦！

2. 主动分享

如果你有好吃的零食、好玩的玩具或者好看的书，可以主动和同学分享。比如，你带了一包糖果，可以对同学说：“这是我最喜欢的糖果，你要不要尝尝？”分享能给你带来快乐，也能让你和同学的关系更亲密。

3. 积极参加集体活动

学校的运动会、手工课或者小组作业等，都是结交新朋友的好机会。这些集体活动就像是一个个欢乐派对，让你有机会接触到更多的同学，并且在这个过程中，你们可以一起享受乐趣，互相帮助，最终成为好朋友。

被同学起外号嘲笑

试试这样做吧！

❶ 先别急着生气

如果你觉得自己有点激动了，那就先多做几次深呼吸，让自己慢慢冷静下来。因为要是你生气或者哭闹的话，那些给你起外号的人会觉得很好玩，就会继续这样做。如果你表现得很镇定，他们会觉得没意思，就不再做这样的事情了。

❷ 表达自己的感受

当我们心里不舒服的时候，不要憋在心里，要勇敢地说出来。告诉别人，他们的做法让我们不开心了。可以直接说：“我不喜欢你给我起的外号，请你以后不要再叫了。”这样，他们以后就不会再这样做了。

❸ 寻求“帮手”

要是那个同学不听你的话，还是一直嘲笑你，千万别害怕，去找老师或者爸爸妈妈帮忙吧。他们就像是超级英雄一样，会站在你这边，给你很多支持和保护。记住，你不是一个人在战斗，老师和家长都是你坚强的后盾。

好朋友有了新朋友

HAPPY BIRTHD
这次生日你怎么不邀请小米？
他已经不是我的好朋友了！
怎么了？你们吵架了？
因为他有新朋友就不和我玩了。
怎么会这样？
呜呜！

试试这样做吧！

1. 放平心态

朋友有新朋友是很正常的事情。就像你喜欢和不同的人交朋友一样，你的朋友也有自己的社交圈子。当朋友带来新朋友时，你可以试着友好一点，别害怕，主动走过去和对方打招呼、交流。

2. 与朋友坦诚交流

如果你感到被忽视或者不舒服，可以找一个合适的时间和朋友聊聊。但要注意，表达时不要指责，可以说“我有点担心你会把我忘了”。朋友可能也有自己的想法，他并不想忽视你，只是最近比较忙。听听他的想法，也许能解开误会。

3. 给彼此一些空间

每个人都有自己的小天地，朋友也不例外。当朋友和新朋友在一起时，他们可能需要一点时间来慢慢了解对方。与其在一旁焦急地等待或者强行介入他们的交流，不如用这段时间做一些自己喜欢的事情。

大家都不和我玩

呜
呼
我可以加入你们吗？
我们不想和你玩！
失落
咦！
你好，我可以和你们一起玩吗？
我们人够了，你去找别人玩吧！
哈
哈
哈
沮丧
怎么大家都不和我玩？

心理学专家说 每个人都有交朋友的权利，但不是所有人都会成为好朋友。就像养花，有的花喜欢阳光，有的花喜欢阴凉。

1. 给自己做个“小体检”

当朋友不和你玩的时候，你可能会觉得难过或者疑惑，但这时候，首先要做的是想一想自己是不是有什么地方做得不好。如果是自己的问题，积极地改正。如果自己没有问题，就不要过于在意他人的看法。

2. 要有足够的耐心

刚开始，你可能觉得很难交到朋友，好像每次都不成功。但是，只要你坚持下去，多试几次，你就会找到最适合自己的朋友。所以，不要因为一开始没有成功就放弃哟！就像花需要时间绽放一样，交朋友也需要时间来了解和磨合。

3. 找人帮帮忙

当你心里觉得特别纠结或者不舒服的时候，可以试着去找老师或者爸爸妈妈聊聊。他们是你生命中的智者，会用他们丰富的经验和智慧，像解开一团乱麻那样，帮你找到解决问题的方法，让你的生活重新变得轻松、快乐。

好朋友突然不理我

试试这样做吧！

1. 回想最近的事情

一般来讲，好朋友不会突然之间不理我们的。所以，我们可以想一想：最近是不是发生了什么事情呢？可能是开玩笑时不小心说得太过分了，让朋友心里不舒服；又或者是答应了朋友要一起做某件事情，却因为疏忽大意而忘记了，让朋友感到失望。

2. 找个机会和朋友聊聊

不要在对方生气或者忙碌的时候打扰他。等朋友情绪稍微平和一些后，找个合适的时机和他谈谈。可以用温和的语气问："我注意到你最近总是不理我，是不是我做错了什么？""我很在乎我们的友谊，希望我们可以好好聊聊。"

3. 做一个倾听者

如果朋友愿意跟我们说说他的想法，我们应该认真地去倾听。不要急于表达自己的观点，更不要随意打断他。如果朋友暂时还不想说话，那我们也不要一直追问不休。等到他愿意分享时，我们再耐心倾听。

我正在被霸凌

试试这样做吧！

① 走为上计

遇到霸凌时，最重要的是把自己的安全放在第一位，尽量保持冷静，不和对方争吵或打斗，因为正面冲突可能会让自己陷入更危险的境地。如果霸凌的人很多，一定不要想着和他们硬碰硬，要赶紧躲开他们，跑到一个安全的地方。

② 勇敢地说出来

被霸凌不是你的错，你有权利表达自己的不满和拒绝。不要害怕，要勇敢地站出来，向你的父母、老师或是其他你信任的成年人寻求帮助，告诉他们你所经历的一切。说出来是解决问题的第一步，也是你开始保护自己的重要行动。

③ 学会释放情绪

遭到霸凌后，你可能会感到难过、愤怒或者害怕。这时，可以尝试通过写日记、绘画等方式来表达自己的情绪，把心里的感受宣泄出来。这有助于缓解你的心理压力，让你逐渐从负面情绪中走出来，重新找回内心的平静。

朋友说嫉妒我

哈哈~哈!
好朋友
一起学习
可是最近……
100分
哼,你就是运气好!
加好友
你这个手表都过时了!
不就是考得好,有什么可神气的!
委屈

试试这样做吧！

1. 表达对朋友的理解

当朋友流露出嫉妒的情绪时，你可以温柔地对他说：“我能明白你现在的心情，这种嫉妒别人的感觉，每个人都会有的，这很正常。”这样的话语能让朋友感受到你的理解与支持，从而放下防备，愿意和你分享更多。

2. 分享自己的感受

嫉妒是一种很常见的情绪，它并不意味着你们的友谊会结束，反而是一个让你们共同成长的机会。我们可以通过分享感受，帮助朋友看到自己的优点。可以对朋友说“其实我有时候也会嫉妒你，比如你画画很好看，我就一直学不会”。

3. 给自己一个小奖励

能够让朋友嫉妒说明你很优秀！被嫉妒意味着你在某些方面超越了他人。如果这是靠你的不懈努力赢得的，那就请大大方方地奖励自己吧；如果这是你的天赋，那就为自己的幸运感到喜悦吧。

扫码获免费心理咨询

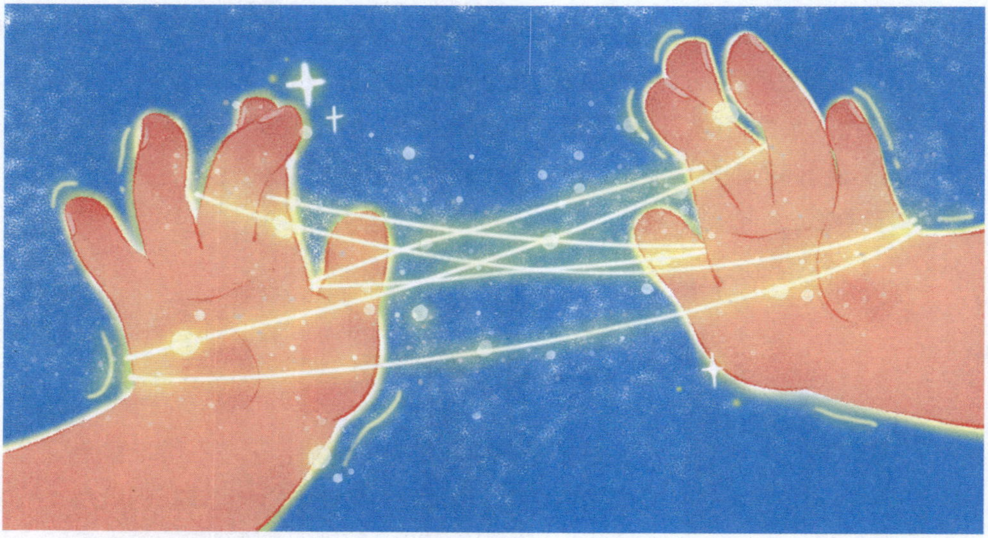

心理学专家说

记忆和情绪都属于心理学研究的范畴。在脑科学和心理学的研究中发现：记忆是大脑神经回路的活化，增强记忆，就是增加提取记忆线索的强度。而在众多增强记忆的线索中，最有效的就是情绪。

在大部分的学习中，都较偏重记忆，而学习的两大条件就是情绪与动机。神经学发现，大脑可以不停地因外界需求而改变内在神经的连接，而动机才能激发神经回路的活化。所以，在神经学上，要使学习有效，必须先激发出动机，主动的学习才会使神经连接。

学习生活

为什么一定要学习？

试试这样做吧！

1. 学习让你变得更厉害

就像玩游戏要升级装备一样，学习是给我们的“大脑”升级！比如，学会了数学，我们就能自己算零花钱；学会了认字，我们就能读懂喜欢的书。如果你想当科学家造火箭、当厨师做超酷的美味，或者当游戏设计师，都要先通过学习不断给你的大脑“升级”！

2. 学习是为了发现超酷的秘密

为什么星星会发光？恐龙是怎么消失的？海底到底有什么？喜欢的玩具是怎么做出来的？学习就像一场神奇的探险，能帮我们解开这些谜题！你学得越多，知道的秘密就越多！

3. 学习创造无限可能

如果每天只会发呆，多没意思呀！但如果你会做科学实验、会弹琴，就能把无聊的时间变成“超好玩的时间”，就像给生活装上了无限个“快乐开关”！而且学习数学，以后可以成为数学家、金融学家；学习语文，以后可以成为作家、编辑等，现在的学习是为了给未来留下无限的可能。

我不想去上学

试试这样做吧！

1. 找找不想上学的秘密

要想解决这个问题，关键是要找到不想上学的原因。想一想，是因为和学校里的朋友闹别扭了，还是觉得老师上课有点无聊，又或者是很多种原因混在一起呢？总之，先把问题找出来吧。

2. 给自己放个小假

总想着“不想上学”，会影响一整天的状态，这时不如给自己放个小假。可以在放学后或周末，让爸爸妈妈带你去外面走一走，去看看花花草草或者做一些有趣的运动，让紧绷的大脑也休息一下。这样后面回去上学，也更有动力啦！

3. 营造上学的仪式感

准备一些有趣的学习用品，比如造型可爱的笔记本、漂亮的铅笔、卡通图案的橡皮擦等，让自己对上学充满期待。每天上学前，对着镜子给自己打气：“今天我肯定能学到很多有趣的知识，加油！”

怎么都学不懂

上课我很认真听老师讲课。
认真
数学
回到家后我开始写作业。
这个老师好像讲过。
a+b
抓耳挠腮
为什么我认真听课了，还是学不懂？
数学
是我太笨了吗？

试试这样做吧！

1. 不懂就问

如果上课时有没听懂的地方，不要害怕，一定要问老师或者同学。比如，可以举手说："老师，这个地方我没听明白，您能再讲一遍吗？"或者课后找同学问："这个题怎么做呀？"问问题是很正常的事情，大家都会帮你的。

2. 每天复习一下

每天放学后，花一点时间把这天学的内容再看一遍。就像东西乱了要整理好一样，学习完后也要"整理脑袋"。可以看看自己做的笔记，或者把课本上的重点再读一读。这样，学过的东西就不会很快被忘记啦。

3. 把知识变有趣

有些知识可能很枯燥，可以试着把它们变得有趣一些。比如背古诗的时候，想象一下诗里描写的画面，就像在自己的脑袋里放电影一样。学数学的时候，把数学题和生活里的事情联系起来，比如买东西算钱，这样也许就会觉得简单多啦。

知识太多 我记不住

这是今天学的古诗，拜托了。
大脑
这是今天新学的英语单词，也拜托了。
这是今天学到的数学公式……
"翻"
还有这个，这个，这个也要……
太多了，太多了，我记不住！

心星点灯 Heart Star Lighting

心理学专家说 有些知识记不住很正常，学习本来就需要反复接触才能变成自己的东西。给大脑一些时间，让它慢慢消化。

1 讲给别人听

学完一个知识后，试着给家里的长辈讲一讲。就像你是小老师，他们是学生一样。在讲的过程中，你会发现自己哪里还没掌握好，这样就能及时查漏补缺，把知识学得更扎实。

2 睡前想一想

每天睡觉前，花几分钟把今天学到的知识在脑子里过一遍。就像看电影一样，把重要的画面回想一下。比如，今天学了数学的加法，就想想那些加法题是怎么做的。睡前回顾一下，大脑会记得更牢哟。

3 制作记忆卡片

准备一些小卡片，在上面写上重要的知识点。比如在卡片的一面写单词，另一面写中文意思和例句，也可以写一些数学和语文的重要知识点。把这些卡片带在身边，利用零碎时间拿出来看看，多重复几次，就能记住啦。

我不喜欢这个老师

……
……
窃窃
私语
小路，上课不要开小差！
哈哈哈！
让我在课上丢脸，我再也不听他的课了！
哼，我就不听你讲课！
嘿，嘿，嘿！
数学成绩下降这么多，怎么回事？
我只是不喜欢这个老师……

试试这样做吧！

1. 关注学习的内容

把注意力更多地放在老师讲的知识上，而不是老师这个人。告诉自己，学习是为了自己，不能因为不喜欢老师就放弃学习这门课程。每一门学科都有它的魅力和价值，当你把精力投入到学习中，就会忽略对老师的不喜欢啦。

2. 和老师聊聊天

找一个合适的时间，和老师单独聊一聊，礼貌、诚恳地表达自己的想法和感受。比如，可以说：“老师，之前您批评我的时候，我心里有点难过，我知道我有不对的地方，但是希望您以后能换一种方式。”这样老师才会了解你的想法，也会调整和你的相处方式。

3. 发现老师的优点

每个人都有优点，老师也不例外。试着去发现老师的优点，比如老师很有耐心，或者老师能够把知识点讲解得特别清楚。当你看到老师的优点时，对老师的印象可能就会慢慢变好，也会更愿意听老师的课啦。

家里太吵了
没法专心

试试这样做吧！

1. 找个安静的角落

在家里找一个相对安静的角落，把这个地方布置成一个专门的学习区域，尽量减少干扰。可以在这个角落放一套舒适的桌椅，准备好学习用品，让自己一进入这个区域就有学习的氛围。

2. 手动隔音

如果家里真的很吵，可以试试用降噪耳机来隔绝外面的声音。如果家里没有降噪耳机的话，可以和家人商量一下，给你买一副耳塞，耳塞很便宜而且很容易买到，也能起到很大的隔音作用。

3. 和家人沟通

跟家里人好好说一说你的困扰，让他们知道你学习的时候需要一个安静的环境。比如，可以跟他们商量，在你学习的时间段里，不要大声喧哗，看电视声音调小一点等。只要你愿意沟通，相信家人会理解、配合你的。

我偏科了

试试这样做吧！

1. 找出偏科的原因

首先，要想想为什么会偏科。是因为这个学科太难了，还是因为对这门学科不感兴趣，还是因为老师上课的方式你不太喜欢，还是以前的基础没有打好，导致后面越学越吃力了？找到原因后，就可以对症下药啦。

2. 给自己定一个小目标

对于不太擅长的科目，不必要求自己一下子变得特别厉害，可以先给自己定一个小目标。比如，如果你不擅长英语，可以先争取下次考试多对几道题，或者每天记住 10 个英语单词。目标不要太大，一点点进步就好。

3. 多花时间在弱科上

可以把学习时间分成几块，多花一些时间在不太擅长的科目上。举个例子，假设你的语文很好，但英语不太好，那就可以把你的“时间块”多挪一点给英语，比如每天多花 20 分钟背英语单词，或者读英语课文。

我不敢提问

同学们都会了吧？我们开始讲下一章了。
B
A
C
可我还是没懂……
要不再问问老师吧。
举
算了，大家会不会觉得我很笨？
课间。
办公室
还是现在单独问问老师好了。
好多人啊，我不敢……

试试这样做吧！

1. 先和熟悉的人试试

从身边熟悉的人开始提问吧。比如爸爸妈妈，他们很了解你，也会耐心地给你解答，而且不会嘲笑你。可以先把在家里和他们讨论问题当作一种练习，慢慢培养自己提问的勇气和习惯。等你感觉更自信了，再试着向同学或者老师提问。

2. 写一张小纸条

如果还是不敢当面提问，那就写一张小纸条吧。把不懂的问题清晰地写在纸条上，然后找个合适的时机递给老师或者同学。这样就不会有面对面交流的紧张感了，也能让对方有时间思考你的问题。

3. 其实“大家都不会”

有时候，你觉得很难的问题，其实有很多同学也不会。如果你不问，他们也不问，那大家就都不明白啦。所以，有时候你的提问不仅是在帮助自己，也是在帮助其他同学哟。

不想学不喜欢的学科

试试这样做吧！

1. 别放弃变厉害的机会

有些学科虽然你不喜欢，但它们可能对你未来很有用。比如，数学能帮你学会逻辑思维，语文能让你更好地表达自己，英语能让你和更多人交流。放弃学习它们，就好像放弃了一个让自己变得更厉害的机会。

2. 不喜欢≠学不好

有时，我们不喜欢一门学科，可能只是因为还没找到学它的乐趣，或者还没学会怎么学，其实它可能也没那么讨厌。比如，很多人一开始不喜欢历史，觉得它枯燥无聊，但当历史事件变成一个个有趣的小故事，就让人觉得很有意思啦。

3. 找一个“学习伙伴”

和同学一起学习会更有意思。可以找一个同学一起学习，互相帮助，互相鼓励。比如，他帮你学数学，你帮他学语文。这样，不喜欢的学科也就没有那么让人讨厌啦。

我也想成为学习高手

课堂上
回答得很好！
啪
啪
啪
啪
啪
考试时
真厉害，我好多题都不会。
好难啊。
奋笔疾书
班会上
大家向她学习！
三好学生
真羡慕呀，我也
想像她一样厉害！
羡慕

试试这样做吧！

① 制订学习计划

学习高手都有一个秘密武器——学习计划！可以用一个小本子或者一张大纸，把每天的学习任务写下来。学习计划可以帮我们把学习变得井井有条，不会手忙脚乱。而且完成计划后，会很有成就感哟！

② 做好预习和复习

学习高手都有两个好习惯——预习和复习。在老师上课之前要预习，先看看课本，把不懂的地方用笔画出来，这样上课的时候，就不会错过重点啦。每天晚上要复习，把当天学的知识再看一遍，就像把新学的知识放进“记忆盒子”，这样就不会忘记啦。

③ 保持好奇心

学习高手总是对世界充满好奇，遇到不懂的问题，他们不会害怕，而是会一直问“为什么”。如果你带着好奇心去学习，也会发现知识就像宝藏一样，越挖越多。

哎呀，又粗心了

心理学专家说 别沮丧，粗心其实不是原因，而是结果。找到每一次粗心的原因，我们一个一个解决。

1. 慢下来，不要急

很多时候，粗心都是因为做事太急。学习的时候，不要总想着快点结束，而是要慢慢来。比如，写作业时，先认真读题，再一步一步地写答案。做完后，再检查一遍。记住，慢工出细活哟！

2. 用“小标记”帮助自己

学习新知识或者读题的时候，可以用笔圈出关键词，比如“最大”“最小”“不包括”等。这样，不论是学习新知识还是做题，都能时刻提醒自己注意这些重要的地方。

3. 检查很关键

做完作业或练习后，不要急着合上，一定要仔细检查。检查的时候，可以像“侦探”一样，仔细找找有没有错的地方。比如，看看有没有看错的题目，或者有没有写错字。

考试考砸了

姓名：小明
D
好糟糕……
老师是不是改错了？
肯定是因为考试那天天气不好，影响我发挥！
啪
我就不是读书的料……
爸爸妈妈肯定对我很失望。

试试这样做吧！

1. 给自己一点时间

考砸了之后，难过是很正常的，但不要一直陷在难过的情绪里哟。给自己一点时间，比如哭一哭、发一会儿呆，或者和好朋友、爸爸妈妈说说心里话，把不开心的情绪释放出来。这样，你的心情会好很多。

2. 仔细分析错题，找出原因

难过之后，就要开始分析这次考试为什么会考砸啦。是题目太难，还是粗心大意，还是有些知识点没学好？可以把试卷拿出来，一道题一道题地看，找出自己错在哪里，也可以去找老师帮忙。

3. 别灰心，失败不可怕

你知道吗？很多厉害的人都经历过失败，但他们吸取失败的经验，最后走向了成功。所以，考砸了不可怕，重要的是从这次考试中吸取教训，调整自己的学习方法，争取下次做得更好。相信自己，下次你一定能进步！

学习是我自己的事

老师不在，我待会儿再写作业……
爸爸？
妈妈？
爸妈不在家，没人催我写作业啦！
电视真好看。
哈哈哈
老师明天不一定检查，不写应该没事……

试试这样做吧！

1. 用“倒计时法”催促自己

给自己设定一个学习时间，比如 20 分钟。用手表或闹钟设置一个倒计时，告诉自己：“在这 20 分钟里，我要专注学习，然后就可以休息。”这样，就能自觉地在这 20 分钟里好好学习啦。

2. 找一个学习“搭子”

和你的同桌或好朋友一起学习，互相监督和鼓励。你们可以一起制订学习计划，互相检查学习进度，分享学习心得和经验。当你不想学习的时候，看到伙伴在努力，你可能会受到激励，也会更有动力主动学习啦。

3. 慢慢养成习惯

主动学习的习惯需要时间来培养，不要着急。刚开始的时候，没有老师和爸爸妈妈的监督，主动学习可能会有点难。但只要坚持，慢慢地你就会发现自己越来越愿意主动学习啦。

战胜拖延「大怪兽」

星期天。
昨天玩了一天，今天该写作业啦。
还有好多时间呢，我下午再写。
下午。
妈妈，我出去和朋友玩啦！
你作业还没写呢！
我晚上回来写。
深夜。
我错了，应该早点写作业。
别说话了，快写吧。

试试这样做吧！

❶ 用“先苦后甜法”

先把不喜欢的任务做完，再做自己喜欢的事情。比如，先做完作业，再去看喜欢的漫画书；或者先背完单词，再玩一会儿游戏。这样，你会更有动力去完成任务，因为你知道完成之后有好玩的事情等着你。

❷ 给自己一点时间缓冲

有时候，任务太多会让你觉得压力很大，从而拖延。可以给自己一点时间缓冲，比如，每天给自己留出 30 分钟的“自由时间”，在这段时间里，你可以做自己喜欢的事情，放松一下。这样，就会更有精力去完成任务啦。

❸ 找一个“监督员”

告诉家人、朋友或者同桌你的计划和目标，让他们监督你。当你想要拖延的时候，他们就会提醒你，鼓励你继续前进。也可以和同样有拖延问题的朋友组成小组，互相监督、互相鼓励，一起克服拖延的坏习惯。

同桌学习比我好

这节课我们写作文，题目是《我的周末》。
嗯……
为难
划掉
我写不好，我的作文总是没意思。
她写得好认真啊，肯定写得很好。
唰唰
!!
我也想像同桌一样每科都很厉害。

心理学专家说　两片树叶的纹路不会完全相同，但都在努力输送养分，你也有专属于你的光芒。

1. 每个人都有自己的闪光点

学习没有同桌好，并不意味着你很差。你也有自己的优点和擅长的地方，比如你可能画画很棒，或者体育特别厉害。所以，不要因为同桌学习好就觉得自己不行，每个人都有自己独特的闪光点。

2. 向同桌学习

同桌学习好，其实是一个很好的机会。你可以向他学习，不要觉得不好意思，大胆问同桌："你这个题是怎么做的呀？""你有什么学习的小秘诀吗？"这样不仅能够学到知识，还能拉近和同桌的关系。

3. 用同桌激励自己

把同桌当作学习的榜样，看到他优秀的地方，激励自己努力追赶。每次看到同桌做得好，就告诉自己："我也要努力，争取做得更好！"比如，同桌这次考试考得很好，你可以告诉自己："我也要加油，下次考试争取考得更好。"

考试让我好紧张

课堂。
测验
明天我们要进行一个小测验。
要考试了？！
怎么办怎么办？想想就好紧张。
我之前的那套练习题呢？
半夜。
明天要考试了，我睡不着！
爸妈房间门口。

试试这样做吧！

1. 把紧张“呼”出去

考试前，可以试着做几次深呼吸。慢慢地吸气，然后慢慢地呼气，循环几次，把注意力放在呼吸上，就像给自己的身体“放气”一样。这样可以帮助你放松身体，让紧张的感觉慢慢消失。

2. 调整心态

告诉自己考试只是对学习成果的一种检验，不要把考试结果看得太重，就算这次没考好，也还有机会改进和提高。比如，在心里对自己说：“我已经努力学习了，只要发挥出自己的正常水平就好。”这样的心理暗示可以帮助你放松心情。

3. 别害怕紧张

当你感到紧张时，告诉自己这是正常的生理和心理反应，而且这种紧张的感觉可以成为你发挥得更好的动力。试着接受紧张的情绪吧，不要把它当作可怕的“洪水猛兽”，这样你会发现自己反而没有那么紧张啦。

扫码获免费心理咨询

心理学专家说

家是我们生命开始的地方，父母是给予我们生命的根。家庭的稳定是我们安全感、归属感的重要来源。家也是我们认识社会，连接外界世界的起点与重要场所。一个稳定而温馨的家庭，会给孩子在生命的初期一个成长的保障。

家就好比一个孵化器。良好的孵化器，会“孵化”出健全的人格、健朗的性格和健硕的身体，这些都是我们健康生活与人生发展的保障。

家庭生活

我家是单亲家庭

能不能给我一个爸爸……
第二天在学校。
小乐，给你生日礼物！
谢谢！
小乐，你爸爸送你什么生日礼物啦？
我……我爸爸他有点忙。
放学回到了家里。
妈妈，为什么别人都有爸爸陪着，我却没有。
宝贝……
虽然没有爸爸，但妈妈会一直陪着你。
嗯！

试试这样做吧！

❶ 和同学坦诚沟通

如果同学问起，就大大方方地说：“我家只有爸爸 / 妈妈，虽然和你们不太一样，但我和爸爸 / 妈妈生活得很开心，他 / 她特别爱我。”这样坦诚的回答，能让同学了解你的情况，也不会觉得你很特别，大家还是能愉快地玩耍。

❷ 和单亲家长互相鼓励

回家和爸爸 / 妈妈说：“爸爸 / 妈妈，虽然咱们家只有两个人，但我们可以一起把生活变得很有趣！我会好好学习，您工作累了，我可以给您捶捶背。”平时多给爸爸 / 妈妈一些小惊喜，比如画一幅画送给他 / 她，让彼此都感受到温暖和力量。

❸ 参加兴趣小组

去学校的绘画、书法、足球等兴趣小组，和有相同爱好的小伙伴一起玩。当和大家一起做喜欢的事时，你能认识更多的朋友，收获更多的快乐，让自己的生活变得丰富多彩。慢慢地你就会发现，单亲家庭也没什么大不了，生活的精彩你自己也能创造。

我的房间乱糟糟的

收拾房间太难了，
算了，就这样吧。
小乐，你看看你的房间，像什么样子！
我这就收拾。
快点
哇，是飞机！
就玩一小会儿吧。
飞呀！飞呀！
两个小时后……
收拾房间怎么
这么难呀！

试试这样做吧！

1. 把物品分类

我们可以把房间里的东西分成不同的小组，如玩具一组，衣服一组，书本一组。然后给每个小组找个专门的“小天地”，比如玩具放在玩具箱里，衣服挂在衣柜里，书本摆在书架上。这样每个东西都有自己的“队伍”，房间一下子就整齐啦。

2. 制订收拾计划

就像玩闯关游戏一样，给自己制订一个收拾计划。比如，先收拾地上的玩具，把它们都放进玩具箱；然后整理衣服，把脏衣服放进洗衣机，干净的衣服挂好；最后收拾书本，把它们整齐地摆在书架上。每完成一个任务，就给自己点个赞，很快房间就会变得干干净净啦。

3. 每天花一点时间收拾

不用一下子把整个房间都收拾好，每天花一点点时间就行。比如，晚上睡觉前，把当天玩过的玩具收起来，把看过的书放回书架。这样每天做一点，房间就不会一下子变得乱糟糟的，收拾起来也不费劲哟。

我对电子设备上瘾

8:00
完全没写的作业
哈哈哈哈……
12:00
小乐，吃饭的时候别看平板。
嗯嗯。
22:00
小乐你玩一天手机了，别太过分了！
咔嗒
再玩一局，就一局！

心理学专家说

电子设备确实有趣，但它只能框住一方小小的世界，在屏幕之外，还有更大的世界在等我们去探索。

1. 给自己定个时间

我们可以像上课一样，给自己玩电子设备设个时间限制。比如，每天只能玩半个小时，时间一到，就把电子设备关掉。就像下课铃响了，我们就要休息一样，到时间了就得放下它们，去做其他有趣的事情。

2. 找其他好玩的事情

其实除了电子设备，还有好多好玩的事情可以做呢。可以去公园找小伙伴们一起踢球，或者在家里画画、搭积木。当我们发现了更多好玩的事情，就不会总是想着电子设备啦，说不定还会觉得它们没那么有趣了呢。

3. 请家人监督

要是自己控制不住，就请爸爸妈妈来监督我们。告诉他们，如果我们玩电子设备的时间超过了规定，就把它们没收一会儿。有了家人的监督，我们就能慢慢改掉过度依赖它们的毛病啦。

我经常失眠睡不着

唉，怎么就是睡不着呢。试试数羊看看。
一只羊、两只羊、三只羊……
一百九十九只羊、两百只羊……
还是不行，得找点事做。
起身
找本书看。
盯
还是不行。
怎么都睡不着。

试试这样做吧！

1. 睡前不做太兴奋的事

睡觉前，可别玩太刺激的游戏，也别看太搞笑的动画片啦。不然我们的大脑就像被点燃的小火箭，一直兴奋得停不下来。可以听一些安静的音乐，或者看一本温馨的故事书，让自己的心情慢慢平静下来，就像小船慢慢靠岸一样。

2. 营造安静的环境

我们可以把房间布置得像一个安静的小窝。把窗帘拉上，让房间变得暗暗的，再把窗户关上，挡住外面的声音。要是觉得一个人睡觉有点孤单，还可以抱着自己喜欢的小玩偶，这样就会感觉很安心，很快就能进入甜甜的梦乡啦。

3. 试试放松身体

躺在床上，我们可以从脚尖开始，慢慢地用力，然后再放松，接着是小腿、大腿、肚子、肩膀，一直到脑袋。就像给身体的每个部位都做个小小的按摩，让它们都放松下来。当我们的身体放松了，就更容易睡着了哟。

我的零花钱不够花

小卖部
想买的太多了，零花钱不够……
次日。
公园
要是零花钱再多一点就好了。
妈妈，我零花钱不够花呀。
你要学会合理花钱。
怎么才能让零花钱够花呢？

试试这样做吧！

❶ 做个零花钱计划

我们可以把零花钱当成一个小小的宝藏，然后给它做个计划。先想想哪些东西是一定要买的，像文具等。再把剩下的钱存起来，留着买更贵的东西。比如，每周零花钱 10 元，拿出 5 元买文具，剩下的 5 元存起来，等存够了就能买喜欢的大玩具啦。

❷ 自己赚钱

要是零花钱不够，我们可以自己想办法赚一点哟。比如，帮爸爸妈妈做一些家务，如扫地、洗碗，做完后可以向他们要一点“小报酬”。或者把自己不用的玩具、书本整理出来，摆个摊卖给小伙伴，这样就能赚到零花钱啦。

❸ 学会砍价

买东西的时候，我们可以试试和老板砍砍价。就像和小伙伴商量事情一样，跟老板说：“叔叔 / 阿姨，能不能便宜一点呀，我的零花钱不够呢。”说不定老板看你很想要，就会给你便宜一点啦，这样就能用同样多的钱买到更多东西哟。

爸妈总是生我的气

我回来了！
又把玩具到处丢！
哼！
经过
啪
说过多少次了，
叫你小心点！
一天放学后。
喂，爸爸，
我掉了家
里的钥匙。
怎么又掉了？
这个月第几次了！
爸妈为什么
总是生我的气？

试试这样做吧！

1. 主动沟通想法

趁爸妈心情好的时候，跟他们说："爸爸妈妈，对不起，我不是故意的。你们生气的时候我好害怕，以后能不能先别生气，听我说说原因呀？"用这种诚恳的方式，和爸妈聊聊自己的想法，能让他们更了解你做事的初衷。

2. 制作家庭"约定卡"

和爸妈制作"约定卡"，列出容易惹他们生气的事，如乱扔玩具、不认真写作业等，并针对每件事写好改进办法和小奖励。比如，连续三天收拾好玩具，可得一个小贴纸，攒够一定数量就能兑换漫画书、小玩具等喜欢的礼物，以此改掉自己的毛病。

3. 做好日常小事

从生活中的小事做起，让爸妈看到你的改变。比如，每天早上起床后，自己叠好被子；放学回家先完成作业，再去玩；吃饭的时候，主动帮忙摆碗筷。这些小小的举动，虽然不起眼，但能让爸妈感受到你的用心，减少他们生气的次数。

爸妈不记得我生日

15
16
生日
17
5月
明天就是我的生日啦，爸爸妈妈肯定在偷偷给我准备惊喜！
第二天。
我回来了！
忙碌
……
回来了？准备洗手吃饭。
爸爸妈妈，今天是……
宝贝，爸爸忙着呢，等会儿再说。
开饭了！
为什么爸爸妈妈把我的生日忘记了？难道他们不爱我了吗？

试试这样做吧！

1. 主动提醒

提前几天，找个爸妈不忙的时候，像讲故事一样，跟他们说：“爸爸妈妈，过几天就是一个超级重要的日子哟，是世界上最可爱的小朋友出生的日子，你们猜猜是谁呀？”这样既有趣，又能提醒他们。要是他们还没反应过来，就直接说：“就是我生日啦！我都想好怎么庆祝啦。”

2. 制作生日提醒卡

用彩色卡纸，画上自己可爱的画像，写上“我的生日是 X 月 X 日，我期待和爸爸妈妈一起庆祝呀”，然后把卡片贴在冰箱上或者爸妈的床头上。这些地方他们每天都能看到，就不会忘记啦。

3. 策划简单的庆祝活动

可以在生日前几天，主动和爸妈提议一起策划生日活动。比如做一个简单的生日蛋糕，当天你负责搅拌面糊，爸妈负责烤制。蛋糕烘焙时，全家一起在客厅布置彩色气球。等蛋糕出炉，一家人围坐分享，这样的生日既温馨又难忘。

我不想说，爸妈却总问

放学回家。
发呆
宝贝，你怎么了？
摇头
我没事。
怎么不开心？
是不是和同学闹矛盾了？
我没有。
我只是今天心情不好，
你们怎么问个不停？
不耐烦

试试这样做吧！

1. 设定“安静时间”

找个全家都在的轻松时刻，跟爸妈认真提议，每天晚上 7 点到 8 点设为“安静时间”。在这段时间里，大家互不打扰，各自做喜欢的事。你可以安安静静看漫画书，或者专心致志画一幅美丽的城堡画。等时间过了，心情舒畅了，若想倾诉，再和爸妈畅聊。

2. 给简单回应

要是爸妈问你，你可以先给一个简单的回应，比如“我今天有点累，不想说太多，但是我真的没事，明天再和你们讲好不好”。这样既可以让爸妈不再一直追问，也能让他们知道你不是在生气，只是需要独处放空。

3. 制作心情卡片

准备一些彩色卡纸，画上不同表情，比如开心、难过、生气、平静，再在背面写上对应的简短说明，比如“今天被老师表扬，超开心”“和好朋友闹别扭，心情好差”。当爸妈追问时，直接把对应的卡片递给他们，这样既不用开口，又能让爸妈了解你的大致心情。等你愿意说的时候，再详细聊聊。

爸妈让我吃我讨厌的菜

只吃肉
宝贝，多吃点胡萝卜，对身体好。
拨开
胡萝卜必须吃，不能挑食。
可是我不喜欢吃胡萝卜，味道怪怪的。
你怎么这么不听话！
胡萝卜对眼睛好！
我就是不想吃胡萝卜，你们为什么非要逼我！

试试这样做吧！

❶ 交换条件

以胡萝卜为例，可以跟爸妈商量，“我可以吃胡萝卜，但是吃完这个，能不能让我吃一颗我喜欢的巧克力”，或者“吃三口胡萝卜，我就可以玩十分钟我喜欢的游戏”。这样有了奖励，吃讨厌的菜好像也没那么难啦。

❷ 改变做法

告诉爸妈，“我不喜欢炒胡萝卜的味道，但是我听说胡萝卜丝可以用来烙馅饼，我想试试那种做法”，或者“能不能把胡萝卜切碎包在饺子里，我吃饺子的时候就会吃到胡萝卜啦”。换个做法，说不定你就会喜欢上以前讨厌的菜啦。

❸ 了解好处

可以让爸妈给你讲讲这道菜对身体的好处，比如吃了胡萝卜眼睛会更亮，皮肤会更好，身体会更健康，更不容易生病。知道这些好处后，你就会觉得吃以前你不喜欢的菜是一件很厉害的事，说不定就愿意尝试啦。

爸妈总说家里没钱

妈妈，我想要这个玩具车。
399元……
399.00元
这个太贵了，家里没钱，咱不买。
好吧！
妈妈，明天学校郊游，我想买……
家里没钱，你就带点家里的面包吧。
走远
深夜
爸妈总说家里没钱，我该怎么办？

试试这样做吧！

1. 制作省钱小账本

准备一个小本子当账本，每天晚上把自己花了多少钱、买了什么东西都记下来。到周末的时候，看看哪些钱是不该花的。要是发现自己乱买了东西，就提醒自己下周别再这样。这样就能慢慢学会不乱花钱，帮家里省钱啦。

2. 给爸妈加油打气

找个时间，认真地跟爸爸妈妈说：“我知道家里可能钱不太够，我会乖乖的，不随便要东西。爸爸妈妈你们工作很辛苦，我相信我们一起努力，日子肯定会越来越好。”然后给他们一个大大的拥抱，让爸妈感受到你的爱，干活说不定就会更有劲儿啦。

3. 家庭旧物改造活动

和爸爸妈妈一起把家里不用的旧物，像旧衣服、旧纸盒等，改造成新的东西。比如用旧衣服做个小布包，或者把旧纸盒变成收纳盒。这样既能减少购买新物品的开销，又能享受动手的乐趣，还能增进和爸妈的感情呢。

爸妈不听我分享

妈妈，今天学校里可好玩了，我们班……
妈妈忙着做饭呢，等会儿再说。
爸爸，今天美术课，我画了一幅超棒的画……
知道了，你先自己玩会儿。
为什么爸爸妈妈都不愿听我说话呢？

心星点灯 Heart Star Lighting

心理学专家说　爸妈不听你分享，不代表他们不爱你。就像手机偶尔会卡顿一样，他们的注意力也会有“内存不足”的时候。

1. 选择合适时机

观察爸妈什么时候最有空、心情最好，比如晚饭后一家人坐在沙发上看电视时，或者周末一起出去散步时，这个时候跟他们分享学校的趣事，他们更有可能认真听哟。

2. 用有趣的方式开场

不要一开口就说“今天学校怎么样”，可以说“爸爸妈妈，我今天在学校发现了一个超级大秘密”，或者“今天发生了一件特别搞笑的事”，像这样，抛出充满悬念的话题，就能瞬间勾起他们的好奇心，让他们主动听你分享。

3. 制作分享小报

把学校里好玩的事儿、自己的奇思妙想，精心画成色彩鲜艳的画，或是工工整整地写成一篇短文，再配上可爱的小贴纸，做成独具创意的小报。爸爸妈妈看到你这么用心，肯定会眼前一亮，认真欣赏，还会忍不住夸你呢。

爸妈总是吵架

试试这样做吧！

1. 充当“和平使者”

当爸爸妈妈开始吵架时，你赶紧站到他们中间，举起双手，像交警指挥交通一样，大声说：“停！爸爸妈妈，你们不要再吵啦，我给你们讲个笑话，听完再吵好不好？”然后讲个超好笑的笑话，让他们的注意力转移，心情也就能变好啦。

2. 写信沟通

把你心里的想法写在信里，比如“爸爸妈妈，你们吵架的时候我好害怕，我希望我们家每天都开开心心的”，然后把信放在他们能看到的地方，比如他们的书桌上。爸爸妈妈看到信，意识到吵架对你的伤害，以后就会注意啦。

3. 组织家庭活动

可以提议一家人一起去公园玩，比赛放风筝；或者一起看场有趣的电影，准备好爆米花；也可以一起烤饼干，比谁烤的形状最可爱。在开心的活动中，爸爸妈妈的心情会变好，关系也会更融洽，吵架的次数自然就少啦。

我和兄弟姐妹相处不来

今天你和你弟弟相处得怎么样？
陷入回忆
上午
你干什么呀！我拼了好久的！
哎呀！
中午
你看你，我衣服都脏了！
我不是故意的……
晚上
我正看呢！你换台干吗？
不，我要看这个！
弟弟真讨厌，总是惹我生气。
姐姐也老是对我发脾气。

试试这样做吧！

1. 坦诚沟通想法

找个合适的时间和兄弟姐妹坐下来，心平气和地说出自己的感受和想法，比如“我觉得我们最近总是吵架，我想我们需要好好聊聊”。同时，也要认真倾听对方的想法，了解对方的感受和需求，这样就可以增进彼此的理解啦。

2. 一起玩合作游戏

找一些需要合作才能完成的游戏，比如搭积木比赛，两个人一起搭一个超级大城堡；或者玩两人三足的游戏，绑着脚一起走。在合作的过程中，你们会发现合作的乐趣和彼此的优点，关系也会变得更好。

3. 制订相处规则

和兄弟姐妹一起制订一些相处规则，比如“不能随便翻对方的东西”“要互相尊重隐私”等。然后把规则写下来，贴在房间里。如果违反了规则，要有相应的小惩罚，比如帮忙做一周的家务。这样通过规则来规范彼此的行为，就可以减少矛盾的产生啦。

爸妈不许我养宠物

是一只流浪猫！
好可爱啊，你没有主人吗？
喵
喵
我把你带回家好不好？
爸爸妈妈，我想养这只小猫，它太可怜了。
喵
？
不行，养宠物太麻烦了，家里不能养。
妈妈……
我们没有精力照顾好它。
为什么爸妈不让我养宠物，我真的很喜欢它呀。
对不起
喵

试试这样做吧！

1. 举办“宠物优点分享会”

找个全家都在的时间，给爸妈开个分享会，讲讲养宠物的好处。如果你想养小猫，你可以说小猫能给家里带来欢乐，还能培养自己的责任心。讲的时候，再配上一些搞笑的宠物短视频，让爸妈看到养宠物有趣的一面。

2. 了解宠物知识

去图书馆借几本关于宠物的书，或者在网上看一些靠谱的宠物科普视频，认真学习宠物的吃喝拉撒、生病护理等方面的知识。学完后，把这些知识有条有理地讲给爸妈听，让他们知道你对养宠物这件事是认真的，也有足够的知识和精力来照顾宠物。

3. 争取短期寄养挑战

跟爸妈提议，先把宠物寄养在家里一个月，在这一个月里，保证自己会负责所有的照顾工作。如果这一个月你能做好，而且它也没有给家里带来太多麻烦，就正式收养它。要是不行，就再帮它找一个合适的领养家庭。这样既给了自己一个机会，也能确保宠物不会被随意对待啦。

亲人去世我很难过

试试这样做吧！

① 制作纪念相册

把和亲人一起拍的照片找出来，用彩色卡纸和彩笔装饰成相册，写下和亲人之间的小故事。比如，这张是爷爷带你去公园玩，你们一起放风筝时拍的。制作相册的时候，就像再次和亲人一起经历了那些快乐的时光，也能把对亲人的思念都放进相册里。

② 和家人朋友倾诉

心里难过的时候，别一个人憋着。去找爸爸妈妈或者好朋友，跟他们说说你想起的和亲人有关的事，比如你很想念奶奶，想念她给你做的饺子和糖醋排骨。说出来之后，心里就会轻松很多，而且他们也会安慰你，告诉你他们也很爱你。

③ 延续亲人的爱好

如果亲人喜欢养花，就学着照顾那些花，定期浇水、施肥，像亲人曾经做的那样；要是亲人爱下棋，就多找机会和其他人下棋。在养花或下棋的时候，回忆和亲人相处的画面，感觉亲人好像还在身边，让思念有个具体的落脚点，也能慢慢接受亲人离开的事实了。

亲戚总是问我的成绩

过年家庭聚会。
都长这么大啦！快告诉阿姨，学习怎么样？期末考了多少分？
排第几名呀？有没有拿奖状？
阿姨，我不想说这个。
你要好好学习，将来考个好大学……
为什么亲戚老是问我的成绩？

试试这样做吧！

1. 化身小记者采访

当亲戚问成绩时，你可以像个小记者一样，一本正经地说："阿姨，我想先采访您一下，您小时候最喜欢的科目是什么呀？考满分的时候有没有奖励？"把话题从自己身上转移到亲戚的童年经历，让亲戚沉浸在回忆中，自然就不会再追问你的成绩啦。

2. 发起趣味互动

提前准备一些有趣的小魔术道具或脑筋急转弯，当亲戚问成绩时，你立马掏出道具，给亲戚表演魔术或者问他们脑筋急转弯。通过这样的趣味互动，把话题从成绩上引开，让大家的注意力都集中在欢乐的游戏上。

3. 角色扮演

假装自己是正在执行秘密任务的特工，压低声音说："阿姨，我现在肩负着重要的'学习任务'，成绩是任务的机密信息，暂时还不能透露。等任务完成，我再给您详细汇报！"通过这种有趣的角色扮演，让亲戚觉得好笑又新奇，自然就不再执着于问成绩啦。

爸妈总干预我的决定

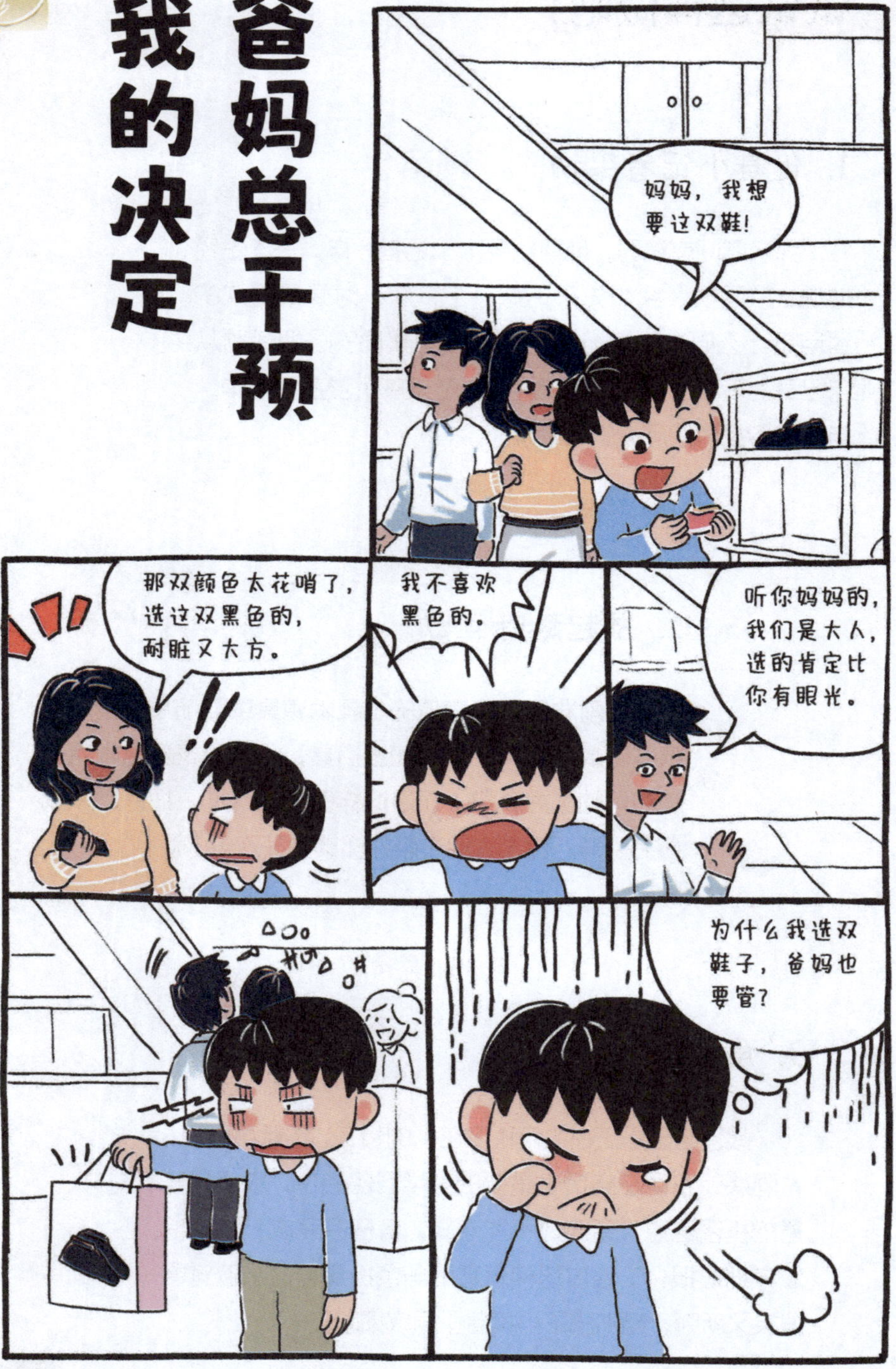

妈妈，我想要这双鞋！
那双颜色太花哨了，选这双黑色的，耐脏又大方。
我不喜欢黑色的。
听你妈妈的，我们是大人，选的肯定比你有眼光。
为什么我选双鞋子，爸妈也要管？

试试这样做吧！

1. 举办“家庭小会议”

找个周末，把爸妈叫到一起，开个“家庭小会议”。像小大人一样，严肃地说：“爸爸妈妈，我知道你们爱我，但有时候我也想自己做决定。以后这种事情，能不能先听听我的想法，给我个机会试试？要是我选错了，下次再听你们的。”通过这种正式的方式，让爸妈重视你的想法。

2. 开展“自主挑战周”

跟爸妈提议，设置一个“自主挑战周”。在这一周里，像选择每天穿什么衣服、安排自己的课余时间这类小事，都由自己决定。一周结束后，和爸妈分享自己的成果，让他们看到你有自主决定的能力。

3. 制订“决定规则”

和爸妈一起制订规则，比如买玩具，价格在50元以下的可以自己决定；买衣服，款式可以自己选，但要在爸妈给的预算内。把规则写下来，贴在墙上，大家都遵守，这样就能有更多自己做决定的机会。